DON
BOSCO

Karin Kostyra

Die 50 besten Spiele für Gewaltfreie Kommunikation

Klasse 1–4

DON BOSCO

MiniSpielothek

Gerne nehmen wir Ihre Anregungen,
Wünsche, Kritik oder Fragen entgegen:
Don Bosco Medien GmbH, Sieboldstraße 11, D-81669 München
anregungen@donbosco-medien.de
Servicetelefon +49(0)89 48008-341

Bibliografische Information der Deutschen Nationalbibliothek

Die Deutsche Nationalbibliothek verzeichnet diese Publikation in der Deutschen Nationalbibliografie; detaillierte bibliografische Daten sind im Internet über http://dnb.d-nb.de abrufbar.

klimaneutral
gedruckt
www.klima-druck.de
ID-Nr. 22121835
bvdm.

3. Auflage 2023 / ISBN 978-3-7698-2521-3

www.donbosco-medien.de
Umschlag: Don Bosco Medien GmbH, München
Umschlaggrafik: Pétrouche/stock.adobe.com
Layout: Alexandra Paulus
Satz: Don Bosco Medien GmbH, München
Druck: Don Bosco Druck & Design, Ursensollen

Gedruckt auf umweltfreundlichem Papier

Inhalt

Das Wort gehört zur Häflte dem, welcher spricht, und zur Hälfte dem, welcher hört.

Michel de Montaigne

Gewaltfreie Kommunikation

Verständnisvoll, freundlich und gewaltfrei miteinander zu kommunizieren oder gar zu denken, ist im Alltag immer wieder eine große Herausforderung und bedarf viel Übung.

Gewaltfreie Kommunikation (GFK) ist ein Konzept, das von Marshall B. Rosenberg entwickelt wurde. Es ermöglicht Menschen, so miteinander umzugehen, dass die Beziehungen nicht leiden, und effektiv und energiesparend zu sprechen.

GFK ändert die Ausdrucksweise und die Haltung. Im Vordergrund steht eine wertschätzende Beziehung, die mehr Kooperation und gemeinsame Kreativität ermöglicht.

GFK wird auch als einfühlsame Kommunikation, Sprache des Herzens oder Giraffensprache bezeichnet. Sie basiert auf den Überlegungen von Mahatma Gandhi zur Gewaltfreiheit in der Welt.

Bereits Kinder können in diesen Techniken geschult und spielend an die einzelnen Elemente herangeführt werden.

Selbstklärung, Selbstausdruck und Empathie

Die Grundlage, um gewaltfrei zu kommunizieren, liegt in uns selbst. Es ist wichtig, sich selbst gut wahrzunehmen und die eigene Wahrheit aufrichtig und klar zu kennen und mitteilen zu können, ohne zu urteilen, zu beschuldigen oder aggressiv zu werden. Wenn wir jemandem zuhören und für den anderen präsent sind, wenn wir die Gefühle und Bedürfnisse des anderen wahrnehmen, ohne ihn zu etwas Bestimmtem bringen zu wollen, ist dies Empathie. Es geht darum, eine Art der Verbundenheit herzustellen, unabhängig von Sympathie oder Antipathie. Die Fähigkeit zum Perspektivwechsel ist hierfür grundlegend.

Wer bist du? Was macht dich aus?

Die Kinder malen sich in Lebensgröße auf ein großes Blatt Papier oder sie bekommen einen gezeichneten Körperumriss auf einem DIN-A4-Blatt.
Die Spielleitung stellt Fragen, die von jedem Kind für sich selbst auf dem Papier nummeriert beantwortet werden. Der Körper füllt sich so mit Antworten und mit Dingen, die das einzelne Kind ausmachen.
Die nummerierten Fragen können auch ausgedruckt im Raum verteilt aufgehängt werden. Somit kann jedes Kind in seinem eigenen individuellen Tempo arbeiten.

Beispielfragen

1. Was verletzt dich?
2. Wovor hast du Angst?
3. Was macht dich glücklich?
4. Wie fühlt es sich an, wenn dir etwas Tolles gelungen ist?
5. Wie fühlt es sich an, wenn du alleine bist?
6. Was kannst du besonders gut?

7. Was wünschst du dir von deinen Freunden?
8. Was wünschst du dir von deinen Eltern?
9. In welchen Momenten fühlst du dich besonders wohl?
10. Welche Eigenschaften sind dir an Menschen wichtig?

Hinweis

Können die Kinder noch nicht ausreichend schreiben, liest die Spielleitung die Fragen vor und die Kinder malen die Antworten in den Umriss des Körpers. Als Groß- oder Kleingruppe kann anschließend ein Austausch über die Antworten stattfinden.

Material

großformatiges Papier, vorbereitete Fragen

So will ich sein

Die Kinder verteilen sich im Raum auf Teppichfliesen oder auf ihren Stühlen. Der Boden darf nicht mehr berührt werden. Die Kinder versuchen, mindestens dreimal den Platz zu wechseln. Wechseln darf, wer eine gute Eigenschaft von sich laut vor der Gruppe nennt und eventuell ergänzt, warum er diese mag. Fällt einem Kind keine Eigenschaft zu sich ein oder fällt es ihm schwer eine solche auszudrücken, helfen die anderen Kinder und machen Vorschläge. Die genannten Eigenschaften sollen sich möglichst wenig wiederholen.

Material

Teppichfliesen oder Stühle

Bingo: Das sind wir!

Jedes Kind bekommt ein vorbereitetes Blatt mit mehreren Kästchen und darin platzierten Fragen (siehe unten). Nach Erklärung des Spiels und nach dem Startsignal gehen alle Kinder mit Blatt und Stift los und stellen jeweils einem anderen Kind eine Frage aus einem Kästchen. Beantwortet das Kind die Frage mit „Ja“, darf es seinen Namen in das Kästchen schreiben. Die Anzahl der Kästchen und die Fragestellungen können sehr variabel gehandhabt werden.

Beispielfragen

- Spielst du ein Musikinstrument?
- Gehst du zu Fuß in die Schule?
- Trägst du heute etwas Selbstgemachtes?
- Magst du Mathematik?
- Hast du schon einmal jemanden getröstet?
- Hast du im selben Monat wie ich Geburtstag?
- Gibt es etwas, was dich glücklich macht?
- Hast du Geschwister?
- Räumst du gern auf?
- Hast du ein Haustier?

Spielregeln

- Sollte das Kind mit „Nein“ antworten, muss man anderen Kindern dieselbe Frage stellen, bis jemand gefunden ist, der die Frage mit „Ja“ beantwortet. Alternativ: Sollte das Kind mit „Nein“ antworten, darf man dem Kind so lange Fragen der anderen Felder stellen, bis es bei einem Feld mit „Ja“ antworten kann.
- Wer zuerst in jedem Feld einen anderen Namen stehen hat, ruft „Stopp!“ und gewinnt. Alternativ: Gewinner ist, wer zuerst eine gewisse Anzahl der Kästchen ausgefüllt hat.

Material

für jedes Kind vorbereitetes Blatt Papier mit Kästchen und Fragen

Perspektiven-Karussell

Alle Kinder sitzen auf ihren Stühlen mit einem Blatt Papier und einem Stift im Kreis.
In die Mitte des Kreises, am besten auf einen Tisch, werden ungefähr neun unterschiedlich große Gegenstände gelegt, zum Beispiel Bleistift, Radiergummi, großes Kuscheltier, Schulranzen. Nun falten die Kinder ihr Blatt einmal in der Mitte längs und einmal quer, sodass vier Felder entstehen, und falten es wieder auf.
Die Kinder malen zwei Minuten lang in eine der entstandenen Flächen alles, was sie von ihrem Platz aus sehen können. Nun rutschen alle, je nach Gruppengröße, circa vier bis fünf Stühle (ein Viertel des Kreises) weiter. Von dieser neuen Position aus malen die Kinder in die zweite Fläche ihres Blattes wieder alles, was sie sehen können. Dies wird wiederholt, bis alle vier Flächen auf dem Blatt bemalt sind. Abschließend vergleichen die Kinder ihre vier Felder und das gesamte Bild mit den anderen.

Impulsfragen

- Welche Unterschiede lassen sich erkennen?
- Was ist euch während der Arbeit aufgefallen?
- Gibt es auf jeder Fläche des Papiers dieselben Gegenstände?
- Gibt es Situationen/Gespräche/Momente, an die ihr euch erinnert, in denen ein Freund eine Sache oder eine Situation aus einer ganz anderen Perspektive gesehen hat als ihr?

Material

circa neun verschiedene Gegenstände

Menschliches Sprachrohr

Fünf Kinder werden ausgewählt und vor die Tür geschickt. Die Spielleitung liest den anderen Kindern eine Geschichte oder einen Zeitungsartikel vor. Dieser kann passend zur Gewaltfreien Kommunikation mit Gefühlen und Bedürfnissen gespickt sein. Nun wird ein Kind der Gruppe ausgewählt und zudem ein Kind von draußen hereingeholt. Das ausgewählte Kind erzählt dem Kind von draußen in eigenen Worten vor der Klasse die Geschichte. Danach wird ein weiteres Kind von draußen hereingeholt. Das Kind, das zuvor hereingeholt wurde, erzählt nun die Geschichte wiederum in eigenen Worten. Diese Kette wird so lange fortgeführt, bis das fünfte Kind von draußen die Geschichte gehört hat und anschließend vor der Klasse wiedergibt. Die Gruppe wird gebeten, über den gesamten Zeitraum keine Kommentare dazu zu äußern. Abschließend liest die Spielleitung nochmals die Geschichte oder den Artikel vor, damit alle den direkten Vergleich haben.

Impulsfragen

- Was konntet ihr bei dieser Übung beobachten?
- Gab es Momente, in denen ihr gern etwas gesagt hättet?
- Haben sich Unterschiede zwischen dem Original- und dem Endtext entwickelt?
- Wie können solche Veränderungen passieren?
- Passieren solche Veränderungen auch, wenn wir uns unter Freunden etwas erzählen?

Material

Geschichte oder Zeitungsartikel

Ein Foto sagt mehr als tausend Worte

Die Spielleitung stellt mindestens einen Fotoapparat zur Verfügung. Gemeinsam sammeln alle Begriffe zu Gefühlen und schreiben sie auf. In der Klasse oder in Kleingruppen werden Bilder von einzelnen Kindern aufgenommen, die jeweils eines der Gefühle darstellen. Die Fotos können ausgedruckt werden. Druckt man jedes Bild zweimal aus, entsteht ein Memo-Spiel.

Variation

Um mit den Kindern über die Gefühle zu sprechen, können die Bilder groß an die Wand projiziert werden.

Impulsfragen

- Konnten alle Gefühle leicht dargestellt werden?
- Welche Gefühle waren schwer oder gar nicht darstellbar?

- Waren die Ideen für den Gefühlsausdruck immer gleich?

Hinweis

Aus Datenschutzgründen müssen die Fotos anschließend wieder gelöscht werden.

Material

Fotoapparat(e)

Doch! Nein! Meine Haltung, die darf sein!

Die Spielleitung legt fest, wie lange eine Runde eines Spieldurchlaufes dauert, und teilt die Gruppe in Paare ein.
Die Paare stellen sich in zwei Reihen gegenüber voneinander auf. Die eine Reihe ist die Nein-Reihe die zweite Reihe ist die Doch-Reihe. Auf ein Startsignal hin startet die Nein-Reihe und sagt: „Nein." Die Reihe gegenüber antwortet mit: „Doch!" Ziel ist es, sein Gegenüber mit diesem einen Wort zu überzeugen. Es wird irgendwann laut und wild werden. Jeder kann für sich selbst ausprobieren, wie es sich anfühlt, vehement bei seiner Haltung zu bleiben und dies mit unterschiedlicher Intonation zu äußern. Jedes Paar antwortet sich gegenseitig in ganz individuellem Tempo. Nach dem Ende des ersten Durchganges können die Reihen getauscht werden, sodass jeder auch das andere Wort äußern kann. Die Paare können ebenso gewechselt werden.

Variation

Um die Standhaftigkeit des Nein-Sagenden noch mehr auf die Probe zu stellen, kann ein Freiwilliger diese Rolle übernehmen. Die komplette restliche Gruppe übernimmt dann den Gegenpart.

Impulsfragen

- Was konntet ihr beobachten?
- Habt ihr etwas an der Lautstärke festgestellt?
- Ist es euch leicht- oder schwergefallen, bei eurer Haltung zu bleiben?
- Wann gab es Momente, in denen ihr euch fast hättet überzeugen lassen?
- Welche Art von Äußerung hat euch gar nicht gefallen und warum?

Was ..., wenn?

Die Spielleitung gibt Situationen vor, die die Kinder als Rollenspiel nachspielen. Die Hauptperson wird von mehreren Kindern nacheinander mit immer neuer Strategie gespielt. Dies wird wiederholt, bis keine Ideen für Strategien mehr vorhanden sind. Die Szene wird zudem mit getauschten Rollen gespielt, damit das Verständnis für die andere Rolle wächst. Die Übung kann mit der ganzen Klasse gespielt werden, ältere Kinder können auch in Kleingruppen arbeiten.

Beispiele für Situationen

1. Was machst du, wenn deine Freundin sich beim Klettern das Bein aufschürft und weint?
2. Was machst du, wenn du mit deinem Freund allein zu Hause bist, es auf einmal im Flur rumpelt und dein Freund sich aus Angst verkriecht?
3. Was machst du, wenn deine Freunde ein anderes Kind beschimpfen?

Jede Frage soll mit möglichst vielen Variationen gespielt werden. Beispielsituation 2 könnte mit folgenden Strategien gespielt werden:

- Ich beschimpfe meinen Freund, dass er sich nicht so anstellen soll.
- Ich sage meinem Freund, dass ich gleich wieder da sein werde, und gehe im Flur nachsehen.
- Ich öffne das Fenster und rufe nach Hilfe.
- Ich rufe meine Eltern an.

Impulsfragen

- Hat sich die Szene in beiden gespielten Rollen gleich angefühlt?
- Welche gewählte Strategie hat am besten zu einem positiven Ziel geführt?
- Welche gewählten Wege waren am unangenehmsten und warum?
- Hat euer gespieltes Verhalten eurem realen Verhalten in solch einer Situation entsprochen?

Material

vorbereitete Beispielsituationen

Pst! Ich weiß, was du brauchst!

Vorbereitend teilt die Spielleitung jedem Kind ein anderes Kind in fortlaufender Kette zu. Jedes Kind wird dabei jemandem zugeteilt, mit dem es sonst wenig Kontakt hat. Jeder bekommt einen Zettel mit dem Namen des Kindes, das ihm zugeteilt ist. Für dieses Kind soll er in der folgenden Woche ein heimlicher Freund sein. Dieses Wissen ist absolut geheim. Die Zettel dürfen nicht getauscht werden. Jeder tut nun dem heimlichen Freund eine Woche lang Gutes. Gemeinsam werden dafür Ideen gesammelt.

Beispiele

- zum Spielen hinzunehmen
- eine kleine Aufmerksamkeit an den Platz legen
- ein Kompliment machen

Nach der Woche wird das Geheimnis gelüftet und bekanntgegeben, wem man zugeteilt war.

Impulsfragen

- Wie hat es sich angefühlt, dass sich jemand über dich Gedanken macht?
- Gibt es etwas, das ihr eurem heimlichen Freund sagen möchtet?
- Worüber habt ihr euch ganz besonders gefreut?

Material

Zettel mit Namen der Kinder

Rolltor

Die Kinder stellen sich in zwei Reihen auf. Eventuell muss in mehreren Kleingruppen gespielt werden. Auf jeder Seite können maximal fünf Kinder stehen. Alle halten die Ellenbogen am Bauch, den Arm im rechten Winkel nach vorn und die Zeigefinger ausgestreckt. Hierauf platziert die Spielleitung einen ausgeklappten Zollstock. Die Gruppe stellt sich vor, dass sie ein Rolltor ist, und versucht gemeinsam, den Zollstock am Boden abzulegen, ohne dabei einen Finger vom Zollstock zu entfernen.

Impulsfragen

- Was habt ihr an euch oder an den anderen beobachtet?
- Welche Gefühle hattet ihr und haben diese sich während des Spiels verändert?
- Wie habt ihr es geschafft, das Ziel zu erreichen?

Material

Zollstock oder mehrere Zollstöcke

Beobachtung und Wahrnehmung

Bei der Beobachtung und Wahrnehmung in Bezug auf die Gewaltfreie Kommunikation geht es vor allem darum, dass alle sich darin üben, Dinge wahrzunehmen, ohne diese zu bewerten. Irgendwann kann es uns so möglich sein, zu unterscheiden, ob es bei einer Wahrnehmung um eine tatsächliche Beobachtung oder um eine Bewertung geht.

Wortlose Unterhaltung

Die Kinder bekommen einen Zettel, auf dem eine Frage steht, und laufen damit durch den Raum.
Nun versuchen die Kinder, auf die Frage eine Antwort zu bekommen, und gehen dafür auf ein anderes Kind zu. Die Frage wird ausgesprochen, aber die Antwort darf nur pantomimisch gegeben werden. Das Kind stellt die Antwort so lange pantomimisch dar, bis der Fragende sie versteht.
Hat das Kind eine Antwort bekommen, wird der Fragezettel mit einem anderen Kind getauscht und mit dieser Frage weitergemacht.

Mögliche Fragen

- Welchen Sport machst du gern?
- Welche Tiere magst du?
- Was macht dich wütend?
- Was ist dein Lieblingsfach?
- Was ist dein Lieblingsessen?
- Was machst du heute nach der Schule?
- Welches Instrument spielst du?

Impulsfragen

- Was war schwer an diesem Spiel?
- Was ist euch leichtgefallen?
- Was war hilfreich?
- Auf was musstet ihr besonders achten?

Material

vorbereitete Zettel mit verschiedenen Fragen

Blindes Kopieren

Die Kinder werden in Paare eingeteilt. Ein Kind bekommt eine Post- oder Bildkarte, das andere Kind ein Blatt Papier und einen Stift. Es darf das Bild nicht sehen. Besonders geeignet sind Bilder, die sich leicht mit Formen und Linien beschreiben lassen.
Beide Kinder setzen sich Rücken an Rücken. Das Kind mit Bildkarte beginnt, das Abgedruckte möglichst genau zu beschreiben, ohne konkret zu nennen, was auf dem Bild gezeigt wird. Das Kind mit Stift und Papier malt die Beschreibung möglichst genau nach und darf auch nachfragen. Am Ende wird die Zeichnung mit dem Original verglichen.

Variation

Die Spielleitung beschreibt zunächst ein Bild für die ganze Gruppe. Jedes Kind malt das Beschriebene. Dann werden die Ergebnisse verglichen. So bekommen die Kinder eine Vorstellung davon, wie man Bilder, ohne konkrete Wörter zu nennen, gut beschreiben kann.

Impulsfragen

- Haben die beiden Bilder Übereinstimmungen?
- Was war schwer zu beschreiben?
- Gab es Momente, in denen man den Eindruck hatte, genau zu beschreiben, der Zeichnende aber dennoch etwas ganz anderes daraus gemacht hat?
- Mit welchen Beschreibungen hat das „blinde Kopieren" am besten geklappt?
- Kennt ihr Momente im Leben, in denen ihr Dinge eigentlich gut beschrieben habt, euer Gegenüber aber etwas ganz anderes verstanden hat?

Material

Bild- oder Postkarten

ZDF-Suche

Alle stehen auf einer Seite des Raumes. Ziel des Spiels ist es, möglichst viele Kinder auf die andere Seite des Raumes zu bringen. Dafür steht die Spielleitung auf der noch leeren Seite und beginnt, Zahlen, Daten und Fakten über ein anwesendes Kind zu äußern. Diese ZDFs müssen wertfrei und wertschätzend sein. Auf die Einhaltung dieser Regel achtet die Spielleitung und bespricht zuvor die Bedeutung von „wertfrei und wertschätzend“ mit der Gruppe.
Wird das beschriebene Kind von der Gruppe erraten, darf es auf die andere Seite des Raumes, um wiederum ein anderes Kind möglichst genau zu beschreiben. Es wird so lange gespielt, bis die Hälfte der Kinder den Platz gewechselt hat. Dabei muss darauf geachtet werden, dass nicht nur ein paar wenige Kinder auf der anderen Seite übrig bleiben.

Variation

Wie bei dem Spiel „Kaiser, welche Fahne weht heute?“ stellt sich ein Kind auf eine Seite des Raumes und die anderen Kinder auf die andere Seite. Die Gruppe ruft: „Kaiser, welche ZDFs suchst du?“

Daraufhin sagt der Kaiser Zahlen, Daten oder Fakten, z. B.: „Alle, die im Januar Geburtstag haben./Alle, die blonde Haare haben.“ Die Kinder, auf die die Aussage zutrifft, dürfen den Arm heben und die Seite wechseln. Die anderen Kinder versucht der Kaiser zu fangen, während sie auf seine Seite rennen. Gefangene Kinder werden automatisch auch zu Fängern. Nun müssen sich die Fangenden besprechen, welche ZDFs sie in der folgenden Runde nennen wollen. So geht es weiter, bis nur noch ein Kind übrig ist. Dieses wird der neue „Kaiser“.

Impulsfragen

- Wann ist eine Aussage wertfrei?
- In welchen Situationen könnte es schwierig sein, Äußerungen wertfrei zu sagen?
- Kann man Äußerungen über sich selbst, auch wenn sie wertfrei und wertschätzend sind, in manchen Bereichen besser aushalten als in anderen Bereichen?

Spieglein an der Wand

Die Kinder stehen sich zu zweit gegenüber. Ein Kind macht eine Bewegung oder einen Gesichtsausdruck vor und das andere Kind muss genau diese Bewegung oder diesen Gesichtsausdruck nachmachen. Körperhaltung oder Gesichtsausdruck sind „eingefroren“, während sie nachgemacht werden.
Das vormachende Kind löst sich erst aus seiner Haltung, wenn es sich gespiegelt sieht. Dann betrachtet es sein „Spiegelbild“ nochmals genau, bevor es dem „Spiegel“ erlaubt, sich auch aus der Haltung zu lösen.

Impulsfragen

- Habt ihr immer sofort die Erlaubnis bekommen, euch aus der Haltung zu lösen?
- Welche Haltungen oder Ausdrücke waren besonders schwer zu spiegeln und warum?

Wer, wie, was? Gesucht wird der ...

Alle sitzen im Kreis. Ein Kind geht nach der Erklärung des Spiels als Detektiv vor die Tür. Nun wird ein Kind bestimmt, das bestohlen wurde, und eines, das der Dieb gewesen ist. Der Detektiv wird zurückgeholt und der Bestohlene sagt ihm, dass er bestohlen wurde. Der Detektiv stellt gezielte Fragen an den Bestohlenen, um herauszufinden, wer der Dieb war, z. B.: „Welche Farbe hat das Oberteil des Diebes?“ Sobald der Detektiv den Dieb herausgefunden hat, kann das Spiel in anderer Besetzung von vorn beginnen.

Variationen

- Der Detektiv darf nur Fragen stellen, die mit Ja oder Nein beantwortet werden können.
- Ein gestohlener Gegenstand wird gesucht. Es muss etwas sein, das für alle sichtbar im Raum ist. Der Gegenstand kann mit allgemeinen Fragen oder mit Ja-Nein-Fragen gesucht werden.

Wärmende Sonne

Jedes Kind legt ein von der Spielleitung vorbereitetes Blatt Papier auf seinen Platz. Darauf ist in der Mitte ein Kreis gezeichnet, von dem Sonnenstrahlen abgehen. Nun darf jedes Kind durch den Raum laufen und bei den anderen Kindern eine positive, wertschätzende und kurze Rückmeldung auf einen Sonnenstrahl schreiben. Die Spielleitung sollte darauf achten, dass nur wertschätzende Dinge aufgeschrieben werden und bei jedem Kind etwas notiert wird. Hilfreich kann die Fragestellung sein: Was mag ich besonders an dir?
Am Ende findet jedes Kind auf seinem Platz eine wärmende Sonne, die es zu Hause verwahren kann. Wie fühlt es sich für die Kinder an, so viele positive Dinge über sich selbst zu lesen?

Material

vorbereitete Blätter mit aufgemalten Sonnen

Blitzlicht-Wahrnehmung

Die Kinder werden in Paare eingeteilt. Ein Kind ist die Kamera und das andere das Objekt. Während die Kamera die Linse (Augen) geschlossen hat, stellt sich das Objekt gegenüber der Kamera hin und friert in seiner Haltung und seinem Gefühlsausdruck ein. Sind alle Objekte eingefroren, gibt die Spielleitung das Startsignal, dass nun die Kamera ihre Linse ganz kurz öffnen darf und das Objekt betrachtet werden kann. Nach ungefähr fünf Sekunden gibt die Spielleitung ein Zeichen, damit sich die Linsen wieder schließen. Nun verändern die Objekte eine Sache an sich (Haltung, Ausdruck ...). Haben sich alle Objekte verändert, wird die Linse wieder geöffnet. Die Kamera versucht jetzt herauszufinden, was verändert wurde. Anschließend werden die Rollen getauscht.

Impulsfrage

Welche Art von Veränderung konnte schnell und welche schwer wahrgenommen werden?

Verzerrte Körpersprache

Ein großes Jackett oder eine große Jacke wird zur Verfügung gestellt und der Ablauf erklärt. Zwei Kinder beginnen. Eines ist der Sprecher und stellt sich vor die Gruppe. Das andere Kind stellt sich hinter das sprechende Kind. Nun legt die Spielleitung das Jackett mit dem Rückenteil nach vorn auf das vordere Kind und das hintere Kind streckt seine Arme durch die Jackett-Ärmel an dem anderen Kind rechts und links vorbei nach vorn. So bilden die Arme des hinteren Kindes die „neuen“ Arme des vorderen Kindes.
Die Spielleitung liest nun einen vorbereiteten Text vor. Das vordere Kind macht die passenden Gesichtsbewegungen und das hintere Kind die passenden Armbewegungen zum Text.

Variationen

- Die Spielleitung hält den beiden Kindern den Text vor. Der Text wird vom vorderen Kind vorgelesen. Das hintere Kind macht während des Vorlesens möglichst die passenden Armbewegungen.

- Das vordere Kind erzählt völlig frei eine Geschichte. Das hintere Kind versucht, dazu die passenden Bewegungen zu machen.

Impulsfragen

- Haben Sprache und Körpersprache gut zusammengepasst?
- Wobei gab es Unstimmigkeiten?
- Welche Unterschiede waren im Gegensatz zur normalen Körpersprache zu erkennen?

Material

großes Jackett oder große Jacke, vorbereiteter Text

Das nehme ich wahr!

Alle sitzen im Kreis. Die Spielleitung hält einen Ball in den Händen, beginnt das Spiel mit einer Aussage über ein Kind und rollt diesem den Ball zu. Das Kind kann noch etwas zum Satz sagen oder die Aussage einfach annehmen. Der gewählte Satzbeginn entscheidet, auf welcher Art der Beobachtung der Schwerpunkt liegt. Das Kind fängt mit demselben Satzbeginn an, ergänzt ihn entsprechend mit einer Beobachtung zu einem anderen Kind und rollt diesem den Ball zu. Mögliche Satzanfänge:

- Ich finde dich gut, weil ... (Charaktereigenschaft)
- Ich mag heute an dir ... (Äußerlichkeit oder Handlung)
- Ich habe den Eindruck, dass du heute ... bist. (Gefühl)

Material

Ball

Zeitungsbomber

Jedes Kind hat ein zusammengeknülltes Zeitungsblatt in der Hand. Die Kinder werfen diesen Zeitungsbomber in den Raum und rufen dabei jeweils ein Schimpfwort. Die Kinder laufen daraufhin durcheinander durch den Raum und suchen einen am Boden liegenden Zeitungsbomber. Haben sie einen gefunden, nehmen sie ihn und werfen ihn erneut in den Raum, wobei sie das nächste Schimpfwort rufen. Dies geht so lange, bis keine Energie und keine Ideen mehr da sind. Anschließend wird gemeinsam überlegt, was Worte anrichten können.

Impulsfragen

- In welchen Momenten tun Wörter weh?
- Gibt es Wörter, die verletzender sind als andere?
- Fällt es leicht, die gerufenen Wörter zu einem Menschen zu sagen?

Material

Zeitungspapier

Gefühle

Das Gefühlsleben ist sehr facettenreich. Dabei ist nicht immer klar, ob es ein tatsächliches Gefühl oder ein Pseudogefühl ist. Das bedeutet, dass es darum geht, zwischen Gefühlen und Gedanken unterscheiden zu können. Meist erkennt man ein tatsächliches Gefühl daran, dass man sagen kann: „Ich bin ... (traurig, fröhlich, wütend etc.).“ Gefühle resultieren immer aus erfüllten oder unerfüllten Bedürfnissen.

Zeitungs-Collage

Aus verschiedenen Zeitungen und Zeitschriften schneidet die Gruppe Bilder von Menschen aus und klebt diese auf zwei Plakate. Auf eines der Plakate kommen alle Gefühle, die sich gut anfühlen, auf das zweite Plakat kommen alle Gefühle, die sich nicht gut anfühlen. Somit entsteht ein anschaulicher Überblick über Gefühle.

Impulsfragen

- Zu welchem Plakat haben sich einfacher Bilder finden lassen? Warum, meint ihr, ist das so?
- Kann man anhand von Fotos viele verschiedene Gefühle erkennen?
- Gibt es auch Gefühle, die man auf einem Foto nicht so gut erkennen kann? Wenn ja, welche und warum?

Material

zwei große Plakate, Zeitungen und Zeitschriften, Scheren, Klebestifte

Gefühle-Bad

Die Kinder laufen zu Musik durch den Raum. Wenn die Musik stoppt, bleiben alle wie eingefroren stehen. Nun macht die Spielleitung eine Aussage über ein Gefühl. Die Kinder machen die entsprechende Bewegung nach und sagen dazu immer wieder das genannte Gefühl.

Beispiele

- Wir machen uns klein wie ein ängstlicher Maulwurf. → Kinder machen sich klein und sagen: „Ängstlich, ängstlich, ängstlich …“
- Wir hüpfen so befreit wie Pippi Langstrumpf.
- Wir sind so lebendig wie ein Affe.
- Wir sind so wütend wie ein Löwe.
- Wir sind so traurig wie ein alleingelassener Hund.

Material

vorbereitete Beispielsätze, Musik

Stimmungs-Schwingung

Ein Satz wird vorgegeben, der in unterschiedlichen Stimmungen gesprochen werden kann, z. B.: „Tim, komm zu mir“ oder „Hallo, Valerie“. Ein Kind stellt sich so hin, dass es von der Gruppe nicht gesehen wird. Nun sagt es diesen Satz in einer bestimmten Stimmung (traurig, fröhlich, aufgeregt, mutig, ärgerlich, wütend, verzweifelt, ängstlich, gelangweilt ...). Das Kind, das das Gefühl zuerst errät, darf den Platz einnehmen und selbst einen Satz vor der Gruppe sprechen.
Sollten die Kinder Ideen für weitere Gefühlslagen brauchen, kann die Spielleitung helfen und diese z. B. notiert auf einem Blatt Papier bereithalten.
Spielt man mehrere Durchgänge mit demselben Satz, werden die Unterschiede deutlicher.

Material

evtl. Blatt Papier mit vielen verschiedenen Gefühlen

Gefühle rollen lassen

Alle sitzen im Kreis und die Spielleitung rollt einen Ball zu einem Kind. Sie stellt die Frage: „Welches Gefühl hast du, wenn sich für dich Zugehörigkeit (oder ein anderes Bedürfnis) nicht erfüllt?“
Das Kind überlegt, wie sich das anfühlen könnte, und antwortet z. B.: „Wenn sich für mich Zugehörigkeit nicht erfüllt, dann bin ich traurig.“ Nun rollt es den Ball zu einem anderen Kind und stellt ihm dieselbe Frage wie zuvor die Spielleitung, nur mit einem anderen Bedürfnis. Als Hilfestellung kann die Spielleitung für die Kinder verschiedene Bedürfnisse auf Karten in die Mitte legen.

Variation

Die Frage wird positiv formuliert: „Was für ein Gefühl hast du, wenn sich Geborgenheit (oder ein anderes Bedürfnis) für dich erfüllt?“

Material

Ball, evtl. Karten mit Bedürfnissen

Inselhüpfen

Jeder legt ein Zeitungsblatt auf den Boden und stellt sich darauf. Ein Zeitungsblatt wird zusätzlich auf den Boden gelegt. Sobald einem Kind ein Gefühl einfällt, das durch Worte oder Körpersprache ausgelöst werden kann, darf das Kind dies äußern und seinen Platz ändern. Dabei können die Kinder die Gefühle durcheinander sagen und entsprechend die Plätze wechseln oder immer nur ein Kind nach dem anderen.

Impulsfragen

- Verbindet ihr alle dasselbe Gefühl mit geäußerten Worten?
- Konntet ihr oft eure Inseln wechseln oder war es schwierig?

Material

Zeitungspapier

Zukunftsmusik

Die Spielleitung bereitet Karten vor. Auf jeder Karte steht der Satz „Wenn ich ... (z. B. fröhlich) bin, dann würde ich am liebsten ...“ Im ersten Satzteil ist auf jeder Karte ein anderes Gefühl eingetragen. Der zweite Satzteil bleibt überall unausgefüllt. Die Spielleitung verteilt verdeckt auf dem Boden im Raum halb so viele Karten, wie Mitspieler teilnehmen.
Alle tanzen zu Musik im Raum. Stoppt die Musik, platzieren sich alle Kinder so an den Karten, dass immer zwei Kinder an einer Karte stehen. Gemeinsam wird die Karte umgedreht. Nun vervollständigen alle Kinder den Satz auf der Karte und sagen ihn gegenseitig dem Partner. Daraufhin werden die Karten wieder umgedreht und das Spiel beginnt von vorn.

Impulsfragen

- Hattet ihr dieselben Ideen oder unterschiedliche und eventuell schwer nachvollziehbare? Könnt ihr Beispiele nennen?

- Welche Situationen fallen euch ein, in denen Menschen ihre Gefühle auf eine Art ausgedrückt haben, die ihr sehr gut oder gar nicht nachvollziehen konntet?

Material

vorbereitete Karten, Musik

Gefühls-Memospiel

Die Kinder sitzen im Kreis. Ein Kind wird ausgewählt und geht nach der Erklärung vor die Tür.
Die Spielleitung gibt jedem Kind eine Karte. Auf dieser Karte ist ein Gefühl als Bild oder als Wort dargestellt. Jede dieser Karten ist zweimal vorhanden. Sobald sich das Kind seine Karte angesehen hat, legt es diese verdeckt vor sich ab. Das Kind von draußen kommt herein. Es stellt sich vor ein Kind und fragt: „Welches Gefühl bist du?“ Das Kind nennt das Gefühl auf seiner Karte. Auf diese Weise versucht das ausgewählte Kind, möglichst viele Memo-Paare zu finden. Gefundene Memo-Paare drehen sich auf ihrem Stuhl mit dem Rücken zur Mitte. Das Spiel ist zu Ende, sobald alle Paare oder eine zuvor vereinbarte Anzahl an Paaren gefunden wurde.

Variationen

- Die Gefühle auf den Karten werden pantomimisch dargestellt.
- Zwei Kinder gehen vor die Tür und decken die Gefühle daraufhin abwechselnd auf. Dabei versucht jeder, die meisten Memo-Paare zu

finden. Die gefundenen Paare stellen sich hinter den Kreis in zwei unterschiedliche Kreishälften. Die zwei letzten Kinder im Kreis dürfen für die nächste Runde vor die Tür.

- Die vorbereiteten Karten können den Kindern auch als normales Memo-Spiel zur Verfügung gestellt werden.

Material

vorbereitete Memo-Karten mit Gefühlen

Gefühls-Rätsel

Die Spielleitung erstellt ein Kreuzworträtsel mit Fragen zu Gefühlen. Das Rätsel kann entweder in der gesamten Gruppe, in Kleingruppen oder in Einzelarbeit bearbeitet werden. Folgendes Kreuzworträtsel kann beliebig verändert werden. Möchte man die Aufgabe erleichtern, können vorab einzelne Buchstaben eingetragen werden.

Beispielrätsel

Wie fühlst du dich, wenn ...

1. ... dein bester Freund dich in den Arm nimmt? (glücklich)
2. ... in einer Schulstunde immer nur dasselbe gemacht wird? (gelangweilt)
3. ... jemand stirbt, den du lieb hast? (traurig)
4. ... du es geschafft hast, dich selbst oder einen Freund zu verteidigen? (mutig)
5. ... du immer eine Sache vergisst, die du mitbringen sollst? (zornig)
6. ... du morgen Geburtstag hast? (aufgeregt)
7. ... du eine schwere Arbeit schreibst und vergessen hast zu lernen? (ängstlich)

8. … du einen schönen Tag hattest und dich ins Bett kuschelst? (ruhig)
9. … du der Meinung bist im Recht zu sein und andere glauben es dir nicht? (wütend)

Impulsfragen

- War bei jeder Frage klar, welches Gefühl dazu passt, oder gab es mehrere Möglichkeiten?
- Bei welchen Fragen hätte es mehrere Möglichkeiten gegeben und welche?
- Wart ihr euch immer einig?

Material

vorbereitetes Kreuzworträtsel

Ich bin heute so ...

Auf die Melodie des bekannten Liedes „Mein Hut, der hat drei Ecken“ wird der Text „Ich bin heut’ so ... (z. B. fröhlich), so ... bin ich heut’. Und wär’ ich nicht so ..., dann wär’s ne and’re Zeit.“ gesungen. Immer andere Gefühle werden eingesetzt.

Variationen

- Ein Kind stellt ein Gefühl pantomimisch vor. Wurde es erraten, wird das Lied gemeinsam gesungen.
- Das erratene Gefühl wird beim Singen anstelle des Wortes ebenfalls pantomimisch dargestellt.

Gefühlstuch

Alle sitzen im Kreis, in dessen Mitte ein Tuch liegt. Jedes Kind bekommt eine Perle und sagt, welches Gefühl es heute am meisten begleitet hat. Wer mag, erzählt, warum dieses Gefühl sein Begleiter war. Daraufhin wird das geäußerte Gefühl als Perle mit einem Abschiedssatz auf das Tuch gelegt. Dieser könnte lauten: „Ich war heute die meiste Zeit traurig, weil ... Ich freue mich, dass ich das traurige Gefühl hier verabschieden kann.“ Waren alle Kinder an der Reihe, wird das Tuch zusammengefaltet und kommt auf die Seite. So nimmt das Tuch alle Gefühle mit.

Material

großes Tuch, Perlen in der Anzahl der Kinder

Bedürfnisse

Bedürfnisse sind allgemein und von existenzieller Natur. Sie beziehen sich auf den Menschen, der diese empfindet, und sind nicht an andere gerichtet. Erst bei der Strategie, ein Bedürfnis zu befriedigen, kommt die Umgebung mit ins Spiel. Über die Strategien kann es Missverständnisse und Unmut geben, aber niemals über das Bedürfnis selbst. Dieses ist allgemein gültig und als solches jedem Menschen bekannt.

Bedürfnis-Plakat

Gemeinsam wird überlegt, was Bedürfnisse sind und welche es gibt. Auf ein Plakat wird für jeden Buchstaben im Alphabet mindestens ein Bedürfnis geschrieben. Wenn nötig wird der Bedürfnisbegriff kindgerecht übersetzt.

Beispiele für Bedürfnisse

Aufmerksamkeit oder Abwechslung, Bewegung oder Bildung, Chancengleichheit, Dazugehörigkeit oder Dankbarkeit, Ehrlichkeit oder Erholung, Freiheit oder Freundschaft, Glaube oder Geborgenheit, Harmonie oder Humor, Interesse, Jugendlichkeit, Kontakt, Liebe oder Leichtigkeit, Menschlichkeit oder Mut, Nahrung oder Nähe, Ordnung, Partizipation, Qualität, Ruhe oder Rücksichtnahme, Spaß oder Sicherheit, Träumen, Unterstützung, Vertrauen oder Verantwortung, Wertschätzung, Zugehörigkeit oder Zufriedenheit

Variation

Mit kleineren Kindern kann für jedes Bedürfnis ein Symbol festgelegt und aufgemalt werden.

Material

Plakat, dicker Filzstift

Bedürfnis-La Ola

Die La Ola hilft, mit Ausdrücken für Bedürfnisse vertraut zu werden. Alle stehen im Kreis. Die Spielleitung beginnt mit einem Bedürfnis, z. B. Freundschaft, äußert dieses laut und schwenkt dazu die Arme in die Luft. Das Kind rechts neben der Spielleitung wiederholt den Begriff und schwenkt ebenfalls die Arme. Das zweite Kind wiederholt dies. So geht es weiter, bis das Wort zweimal die Runde gemacht hat und die La Ola schneller geworden ist. Daraufhin ändert die Spielleitung den Begriff, welcher wiederum die Runde macht.

Variationen

- Schwieriger wird es mit zwei festgelegten Bedürfnissen, die reihum gehen. Jedes erste Kind äußert das erste Bedürfnis und jedes zweite Kind das zweite Bedürfnis.
- Ein Bedürfnis wird in die Runde geschickt. Die Richtung der Laola kann von jedem Kind durch das Äußern eines neuen Bedürfnisses geändert werden.

Schwer zu sagen!

Jedes Kind nimmt ein Blatt Papier zwischen die Lippen. Mit dieser Spracheinschränkung laufen alle durch den Raum. Immer wenn sie einem anderen Kind begegnen, erklären sie, welches Bedürfnis bei ihnen in der vergangenen Woche zu kurz gekommen ist, und was sie machen wollen, damit sich dies in der nächsten Woche nicht wiederholt. Dann hören sie ihrem Gegenüber zu. Haben beide den Partner verstanden, wechseln sie ihren Partner und wiederholen ihr Bedürfnis. Mit der Zeit wird es leichter, das unbefriedigte Bedürfnis zu äußern und Strategien zu entwickeln, wie man es befriedigen könnte. Dasselbe Bedürfnis sollte mindestens fünf verschiedenen Kindern genannt werden, bevor ein neues Bedürfnis gewählt wird. So fällt es leichter, das Bedürfnis zu nennen und Strategien zu entwickeln.

Beispiele

- Ich hatte diese Woche zu wenig Kontakt und möchte mich deshalb mit meinem Freund verabreden.

- Ich wollte diese Woche mehr Ordnung. Deshalb werde ich morgen mein Zimmer aufräumen.
- Mir hat auf dem Heimweg Sicherheit gefehlt. Deshalb frage ich heute meine Eltern, ob sie mich morgen von der Schule abholen.

Impulsfragen

- Ist euch ein Weg eingefallen, wie ihr das unbefriedigte Bedürfnis stillen könnt?
- Gab es einen Unterschied zwischen den ersten geäußerten Bedürfnissen und den letzten?

Bedürfnistöpfe basteln

Die Kinder basteln Bedürfnistöpfe:

- Jedes Kind bekommt zwei gleich große Tonkartons in der Größe DIN A4.
- Vier längliche und rechteckige Töpfe (in der Art eines Reagenzglases) mit mindestens 3 cm Abstand zu allen Papierrändern und zwischen den einzelnen Töpfen auf eines der Blätter malen.
- Diese Töpfe aus dem Papier schneiden.
- Beide weißen Kartons aufeinander kleben. Unteren Rand mit Kleber ausgespart lassen, damit hier Kartonstreifen hineingeschoben werden können.
- Aus vier verschiedenen Farben je einen Tonkartonstreifen in etwas mehr als der Dicke des gemalten Topfes ausschneiden.
- In jeden ausgeschnittenen Topf von unten einen farbigen Kartonstreifen zwischen die beiden weißen Kartons schieben. So werden alle vier Töpfe „gefüllt".
- Kartonstreifen zwischen den beiden Tonkartons nach oben und unten schieben. So füllt oder leert sich jeder einzelne Topf.

- Auf den weißen Karton unter jeden Topf ein Bedürfnis, das dem Kind wichtig ist, schreiben, z. B.: Freundschaft, Gesundheit, Bewegung ...

Die Kinder „füllen“ über den Vormittag hinweg ihre Töpfe, indem sie die Streifen bewegen. Am Ende eines jeden Vormittages lässt die Spielleitung die Kinder überprüfen, wie voll jeder der Töpfe über den Tag geworden ist, und bearbeitet gegebenenfalls die Impulsfragen mit den Kindern.

Impulsfragen

- Wodurch haben sich die verschiedenen Töpfe gefüllt?
- Wie fühlt es sich an, dass die Töpfe sich eventuell nicht komplett gefüllt haben?
- Muss ein Topf immer komplett voll sein, damit man zufrieden ist?

Material

Tonkarton, Schere, Kleber, Stifte, Lineal

Nein! Und jetzt?

Die Spielleitung erzählt von einer Situation, in der eine Person etwas nicht möchte, und andere versuchen, sie trotzdem dazu zu überreden. Ein Kind spielt die Person, die Gruppe versucht, das Kind zu überreden. Das Kind, das die „Nein-Rolle" übernimmt, bereitet sich auf das Spiel vor, indem es sich klar macht, dass es sich definitiv nicht überreden lässt, und welche Gründe es hat, Nein zu sagen. Dieses Nein ist nicht gleichzusetzen mit einer Ablehnung der Fragenden.

Nun versucht die Gruppe, das Kind zu überreden. Das Kind selbst bleibt beim „Nein" und erklärt der Gruppe dabei, welche Bedürfnisse es hat. Nun kann die Gruppe die Absage akzeptieren, ohne es auf sich selbst zu beziehen.

Variation

Die Gruppe versucht, das Kind zu verstehen, und erfragt die zugrunde liegenden Bedürfnisse. Die Sätze „Brauchst du ...?", „Ist dir nach ...?" und „Geht es dir um ...?" können den Kindern als Hilfestellung dienen. Am Ende wird das Kind sein „Nein" aus Überzeugung beibehalten können, da es sich sicher sein kann, dass die Absage von den anderen nicht persönlich genommen wird.

Mögliche Situationen

- Möchtest du mit uns Fangen spielen? –
  Nein, weil mir ... (z. B. Ruhe, Erholung) wichtig ist.
- Möchtest du bei mir übernachten? –
  Nein, weil ... (z. B. Sicherheit, Geborgenheit)
- Sollen wir zusammen einen Film anschauen? –
  Nein, weil ... (z. B. Kreativität, Aktivität)
- Wollen wir zusammen Hausaufgaben machen?
  – Nein, weil ... (z. B. Freiheit, Struktur)
- Darf ich bei dir die Hausaufgaben abschreiben?
  – Nein, weil ... (z. B. Ehrlichkeit, gesehen werden)
- Können wir den Streit vergessen? –
  Nein, weil ... (z. B. Gerechtigkeit, Mitgefühl)

Bedürfnismessung

Alle bekommen ein vorbereitetes Blatt Papier. Auf diesem sind mehrere Balken untereinander eingezeichnet, die mit einer Skala von 0 (links) bis 10 (rechts) versehen sind. Die Kinder überlegen, welche Bedürfnisse ihnen spontan einfallen und besonders wichtig für sie sind. Jedes dieser Bedürfnisse darf nun ans Ende eines Balkens geschrieben werden. Daraufhin setzen die Kinder bei jedem Bedürfnis ein Kreuz an die Stelle der Skala, die dazu passt, wie wichtig ihnen die Erfüllung dieses Bedürfnisses jeden Tag ist. Mit einer anderen Farbe wird der Balken bis zu der Zahl angemalt, bis zu der das Bedürfnis tatsächlich erfüllt scheint. Nun wird überlegt, was man selbst tun kann, damit Wunsch und Wirklichkeit näher zusammenkommen.

Variationen

- Die Kinder bearbeiten die Aufgabe mit einem Partner. Ein Kind ist dabei zuerst der Begleitende und Fragende und füllt in der zweiten Runde sein eigenes Blatt aus, bei dem ihm dann das erste Kind begleitend zur Seite steht.

- Können die Kinder noch nicht ausreichend schreiben, kann die Spielleitung gemeinsam mit den Kindern Symbole für die einzelnen Bedürfnisse erarbeiten, die hinter das Balkendiagramm gemalt werden, z. B.: Bewegung: Seil für Seilspringen, Liebe: Herz. Alternativ kann die Spielleitung diese Symbole auch mehrfach kopiert und als kleine Quadrate bereithalten, damit die Kinder diese aussuchen und aufkleben können.

Material

vorbereitete Blätter mit Balken, evtl. vorbereitete Symbolkärtchen für Bedürfnisse

Ticktack, die Zeit läuft ab

Jedes Kind bastelt eine Bedürfnisuhr. Es malt einen Kreis auf ein festeres Blatt Papier. Dieser wird ausgeschnitten und in vier bis zwölf Felder unterteilt. In der Mitte wird ein Zeiger aus Karton mit einer Verschlussklammer befestigt. In jedes der Felder wird jeweils ein für das Kind wichtiges Bedürfnis geschrieben oder gezeichnet.

Ein Kind beginnt und stellt auf seiner Uhr den Zeiger auf ein Bedürfnis. Dieses Bedürfnis wird an die Tafel geschrieben. Ein anderes Kind bekommt die Zeitaufsicht, eine Stoppuhr und eine Kreide. Es ruft: „Ticktack, die Zeit läuft ab!“ Dies stellt das Startsignal für die nächsten drei Minuten dar. In dieser Zeit versucht die Gruppe gemeinsam, möglichst viele Strategien zu finden, die das Bedürfnis stillen könnten. Das Kind, um dessen Bedürfnis es sich handelt, nickt, wenn es eine Strategie für geeignet hält. Das Kind an der Tafel macht für jede geeignete Strategie einen Strich hinter das Bedürfnis. Nach drei Minuten ruft es „Stopp!“ und die Runde ist beendet.

Nun darf ein weiteres Kind seinen Zeiger stellen, ein anderes Kind darf an die Tafel und das Spiel beginnt von vorn. Am Ende kann verglichen werden, zu welchem Bedürfnis die meisten Strategien gefunden wurden.

Variation

Es gibt für die Gruppe eine gemeinsame Uhr, die mit 12 verschiedenen Bedürfnissen vorbereitet zur Verfügung steht. Bei dieser Variation verzichtet die Spielleitung auf den Bastelteil.

Material

Stoppuhr, Tonkarton, Schere, Verschlussklammern

Forschungsstation

In der sogenannten Forschungsstation begibt sich die Gruppe auf die Suche nach dem Grund für bestimmte Gefühle. Ein freiwilliges Kind fängt an und begibt sich als „Forschungsobjekt“ in die Forscherstation. Es setzt sich vor die Klasse. Das Kind stellt sich eine Situation vor, mit der es ein starkes Gefühl verbindet. Nun beginnen die Forscher, Fragen zu stellen, z. B.:

- Wie fühlst du dich gerade?
- Ist es das einzige Gefühl, das du ganz stark fühlen kannst?
- Erzähle uns, an welche Situation du dich erinnerst!
- Was genau führt dazu, dass du gerade dieses Gefühl spürst?

Die Fragen für die Forscher können als Hilfestellung an der Tafel oder auf einem Blatt Papier zur Verfügung stehen. Sobald die Situation möglichst genau erzählt wurde, können die Forscher beginnen, die möglichen unerfüllten Bedürfnisse, die hinter dem Gefühl liegen, zu erfragen und herauszufinden. Das befragte Kind wird spüren, wenn das genannte Bedürfnis das Passende ist. Sobald die Forscher das zugrunde liegende Bedürfnis gefunden haben, sagt das Kind, dass dies der Grund war. Daraufhin kann das nächste Kind in die Forschungsstation und befragt werden.

Impulsfragen

- War gleich klar, welches Bedürfnis passen kann?
- Konntet ihr alle nachvollziehen, warum gerade dieses unerfüllte Bedürfnis das Gefühl ausgelöst hat?

Material

evtl. vorbereitete Fragen

Der Wunschkoffer

Die Gruppe stellt sich vor, dass sie von ihrem aktuellen Ort wegzieht, um an einem anderen Ort ein neues Leben anzufangen. Dort gibt es alles, was man zum Überleben braucht. In den Wunschkoffer darf jedes Kind zwei für es selbst wichtige Bedürfnisse packen. Dazu schreibt jedes Kind zwei Bedürfnisse auf jeweils eine Karte. Der Reihe nach stellen sie ihre Bedürfnisse vor und begründen, warum sie genau diese dabeihaben möchten. Haben die anderen Kinder die Begründung verstanden, werden die Zettel in einen Koffer (oder eine symbolische Kiste) gepackt. Danach erklärt das nächste Kind seine Bedürfnisse. Bedürfnisse, die bereits genannt wurden, bekommen eventuell neue Begründungen oder das Kind hat noch ein anderes Bedürfnis. Am Ende hat die Gruppe einen vollgepackten Umzugskoffer.

Variationen

- Können die Kinder noch nicht schreiben oder haben noch nicht so viele Bedürfniswörter zur Auswahl, kann die Spielleitung verschiedene Bedürfniskarten (aufgeschrieben oder aufgemalt) bereitlegen.

- Die Spielleitung stellt eine Auswahl an Bedürfniskarten zur Verfügung, aus denen die Gruppe wählen kann. Die Kinder haben im Koffer allerdings nur Platz für zehn Bedürfnisse. Auf diese für die Gruppe zehn wichtigsten Bedürfnisse müssen sie sich als Gemeinschaft einigen.

Material

Koffer oder Kiste, evtl. Karten mit Bedürfniswörtern/ -bildern

Das Klassenbedürfnis

Die Spielleitung bereitet eine Kiste vor, die mehrere Karten mit jeweils einem Bedürfnis enthält. Eine Woche lang zieht daraus jeden Morgen ein Kind ein Klassenbedürfnis. Alle haben nun die Aufgabe, den ganzen Tag die Aufmerksamkeit auf dieses Bedürfnis zu richten. Die Spielleitung kann den Kindern Fragen als Hilfestellung mit auf den Weg geben. Am Ende des Tages werden die Ergebnisse mit den Kindern zusammengetragen und besprochen.

Beispielfragen

- Hat sich das Bedürfnis für mich erfüllt?
- Wodurch hat sich das Bedürfnis für mich erfüllt?
- Konnte ich andere Menschen beobachten, die versucht haben, dieses Bedürfnis für sich zu erfüllen?
- Was haben sie getan, dass ich glaube, dass sie dieses Bedürfnis erfüllen wollten?
- Haben wir dieses Bedürfnis heute auf unterschiedlichen Wegen, also mit unterschiedlichen Strategien, für uns erfüllt?

- Gibt es eine Strategie, dieses Bedürfnis zu erfüllen, die ihr nun gehört habt und die ihr selbst ausprobieren möchtet?
- Würden wir das Bedürfnis erneut ziehen, welche Strategie könnten wir von vornherein planen, um dieses Bedürfnis zu erfüllen?

Variation

Während der Bearbeitung der Fragen kann ein Plakat entwickelt werden, auf welchem das Bedürfnis festgehalten wird und dahinter die gesammelten Strategien notiert werden. Somit haben die Kinder am Ende der Woche fünf Bedürfnisse mit vielen verschiedenen Wegen, wie diese erfüllt werden können.

Material

Kiste, Karten mit jeweils einem Bedürfnis, evtl. großes Blatt Papier für Plakat

Bitte, Dank, Rückmeldung

Wir stellen Bitten, um für uns selbst oder bei unserem Gegenüber die Bereitschaft zu steigern, einfühlsam auf unsere Bedürfnisse zu reagieren. Damit Bitten richtig gestellt werden können, gibt es bestimmte Regeln zu beachten. Gelingt uns dies, lässt sich unsere Lebensqualität verbessern, da die Chance steigt, dass unsere Bedürfnisse erfüllt werden. Dankbarkeit sich und anderen gegenüber auszudrücken, sorgt für mehr Achtsamkeit und Zufriedenheit.

Rezept für eine gute Bitte

Die Spielleitung regt mit der Frage, wie eine Bitte gestellt werden muss, eine Diskussion an, um wichtige Punkte zu finden. Am Ende kann ein „Rezept-Plakat" entworfen werden, in das die Spielleitung relevante Punkte einfließen lässt. Dieses Plakat wird im Zimmer aufgehängt. Folgende Punkte sind für eine Bitte erforderlich: Eine Bitte ...

- ... muss sich an eine konkrete Person wenden.
- ... muss von der gebetenen Person umgesetzt werden können.
- ... muss positiv formuliert sein. (→ Immer sagen, was man will, und nicht, was man nicht will.)
- ... braucht eine genaue Zeitangabe.
- ... braucht einen ganz konkreten Inhalt.
- ... richtet sich an konkretes Verhalten.
- ... muss abgelehnt werden dürfen. Die gebetene Person hat die Entscheidungsfreiheit.

Material

evtl. großes Blatt Papier für Plakat

Linien formen

Die Kinder werden in Kleingruppen eingeteilt. Jede Kleingruppe bekommt ein Plakat und jedes Kind einen dicken Filzstift. Jede Gruppe malt einen beinahe niemals enden wollenden Strich auf das Papier. Sobald die Linie auf eine andere auf dem Papier gezeichnete Linie trifft und sich somit die Striche kreuzen, ist das Spiel zu Ende. Das Spiel verläuft in zwei Durchgängen.
Beim ersten Durchgang beginnt ein Kind mit der Linienführung. Jederzeit darf es den Stift absetzen und ein anderes Kind die Linie weiterführen lassen. Wann es den Stift weitergibt, entscheidet allein das malende Kind. In diesem Durchgang darf nicht gesprochen werden. Jedes Kind muss sich auf die Handlungen der anderen einlassen, ohne einzugreifen.

Impulsfragen

- Was ist schwergefallen?
- Hattet ihr am Schluss das Ergebnis, das ihr euch zu Beginn vorgestellt hattet?
- Was hättet ihr, während andere gezeichnet haben, gern gesagt?

- Gab es Momente, in denen ihr es kaum ausgehalten habt, still zu sein?

Beim zweiten Durchlauf darf gesprochen werden. Allerdings dürfen nur Bitten geäußert werden. Alle Regeln, die im Spiel „Rezept für eine gute Bitte“ erarbeitet wurden, greifen. Bittende Sätze könnten beispielsweise lauten: „Könntest du dir vorstellen, jetzt deine Linie nach rechts oben laufen zu lassen, dann könnte das ein Vogel werden?“ oder: „Kannst du bitte die aktuelle Linie noch nicht schließen, dann kann ich nochmal drankommen?“

Impulsfragen

- Was war im zweiten Durchgang leichter oder schwerer?
- Habt ihr es geschafft, nur in Bitten miteinander zu sprechen?
- Haben die malenden Kinder jeweils auf die Bitten reagiert?

Material

dicke Filzstifte, große Papierblätter

Ich sage STOPP

Die Kinder bilden zwei lange Reihen. Die Reihen stehen einander zugewandt und circa zehn Schritte voneinander entfernt. Die Kinder der ersten Reihe beginnen nach einem Startsignal, auf das jeweils gegenüberstehende Kind langsam zuzulaufen. Dieses steht abwartend da. Wenn das andere Kind nahe genug ist, hebt es den Arm nach vorn und sagt laut, deutlich, bestimmt, aber freundlich: „Stopp!“ Daraufhin muss das sich nähernde Kind anhalten. Sobald alle laufenden Kinder gestoppt wurden, durchmischen sich die Reihen. Nun hat jeder ein anderes Kind in der Reihe gegenüber und das Spiel beginnt von vorn.

Impulsfragen

Die Spielleitung erklärt, dass keine Namen genannt werden dürfen und nichts Verletzendes geäußert werden darf, und achtet auf die Umsetzung.

- Wann ist es leichtgefallen, jemanden ganz nahe kommen zu lassen?
- Was hat euch gehindert, manche Kinder ganz nahe kommen zu lassen?

Partnermassage

Jedes Kind sucht sich einen Partner, mit dem es sich eine gegenseitige Massage vorstellen kann. Ein Kind nimmt seinen Stuhl mit der Lehne nach vorn und bleibt sitzen. Das andere stellt sich hinter das sitzende Kind. Alle werden angeleitet, gut zu sitzen oder zu stehen und den eigenen Atem zu spüren. Dann beginnt das stehende Kind mit der Rückenmassage. Das Kind, das die Massage empfängt, soll die Nähe genießen, aber klare Rückmeldung geben, beispielsweise: „Toll, das tut gut.“/„Stopp, an der Stelle bin ich kitzlig.“/„Kannst du an der rechten Schulter massieren?“ Mögliche Rückmeldungen sollten vor Spielbeginn mit den Kindern besprochen werden.

Impulsfragen

- Fällt es euch leichter zu sagen, was guttut oder was besser nicht sein soll?
- Hat euer Masseur immer direkt auf eure Anweisungen reagiert?
- Wie wurden die Rückmeldungen empfunden?

Brief an mich

Alle bekommen einen Briefumschlag und ein Blatt Papier mit folgenden Fragen und Satzanfängen:

- Welche Gedanken sind gerade in meinem Kopf?
- Welche Gefühle sind gerade in meinem Körper und wo kann ich diese spüren?
- Dafür möchte ich mir danke sagen: ...
- Ich habe die Bitte an mich, dass ich ...
- Das möchte ich mir gern noch sagen: ...
- Ich wünsche mir für mich, dass ...
- Ich möchte mir gern verzeihen, dass ich ...

Die Kinder beantworten alle Fragen und Satzanfäge, versehen das Blatt Papier mit dem Datum, stecken es in den Briefumschlag, beschriften diesen und kleben ihn zu. Anschließend geben sie ihn der Spielleitung, die die Briefe den Kindern frühestens nach einer Woche wieder zurückgibt.

Impulsfragen (nach Erhalt des Briefes)

- Konntet ihr euch noch erinnern, was ihr geschrieben habt?
- Konntet ihr die geschriebenen Dinge nachvollziehen und verstehen?
- Hat es gutgetan, den Brief zu lesen? Was genau?

Material

Briefumschläge, vorbereitete Fragen, evtl. Briefmarken

Positiv zum Ziel

Eine positive Sprache ist zielführender als die uns geläufige negative Sprache. Um den Kindern dies bewusst zu machen, hat dieses Spiel zwei Durchgänge. Ein Kind geht vor die Tür, damit die Absprache der Gruppe geheim bleibt. Der Rest bespricht, was das Kind tun soll, wenn es den Raum wieder betritt, z. B.: auf einem Stuhl stehen, lächeln und mit der linken Hand winken. Im ersten Durchgang wird das Kind nur mit negierten Sätzen bewegt, beispielsweise: „Du darfst nicht auf dem Boden bleiben. Steige nicht auf den Tisch." Der Durchgang wird nach einer bestimmten Zeit abgebrochen. Im zweiten Durchgang wird alles als positiv geäußerte Bitte wiederholt, beispielsweise: „Stelle bitte den Stuhl als Erstes in die Mitte und stelle dich danach darauf."

Variation

Mehrere Kinder gehen vor die Tür und müssen dann die Aufgabe alle gemeinsam ausführen.

Impulsfragen

- Warum war der erste Durchgang so schwierig?
- Was habt ihr beim zweiten Mal geändert?
- Welche Sätze kennt ihr im Alltag, die wenig zielführend sind?

Achtung ... Deckung!

Rückmeldung wird oft als Vorwurf und Angriff erlebt. Das liegt meist daran, dass ungeschickt formuliert und nicht von Gefühlen und Bedürfnissen gesprochen wird. Dieses Spiel bietet eine Deckung gegen solche „Angriffe“.

Die Spielleitung bereitet Karten vor, auf denen unterschiedliche Gefühle stehen. Ein Kind ist der Angreifende, ein anderes der Angegriffene. Zwischen den beiden Kindern stehen alle anderen als Mauer und schützen damit den Angegriffenen.

Das Kind, das die Aussage macht, bekommt einen Ball. Aus den vorbereiteten Karten zieht es eine. Nun stellt es sich zu diesem Gefühl eine passende Situation vor. Sobald es darüber Klarheit hat, wirft es den Ball zu dem Kind, das hinter der „Mauer“ steht, und ruft den Satz. Die Abwehrkinder fangen den Ball aber ab und reichen diesen in Ruhe an das hinter ihnen stehende Kind. Das Kind überlegt gemeinsam mit den Kindern der Mauer und der Spielleitung, welches Gefühl bei dem anderen Kind vorhanden ist und durch welches unerfüllte Bedürfnis dies ausgelöst wurde. Sobald Ideen entwickelt wurden, tritt das Kind vor die „Mauer“, wirft den Ball zurück und fragt: „Bist du ... (Gefühl), weil dir ... (Bedürfnis) wichtig ist?" Dann stellt sich das Kind zurück hinter die Schutzmauer. Trifft die Vermutung zu, wiederholt das angreifende Kind seine Aussage mit Gefühl, Bedürfnis und Bitte. Anschließend werden neue Kinder ausgewählt und eine weitere Runde beginnt. Trifft die Vermutung nicht zu, wirft das Kind den Ball zurück und die Gruppe überlegt erneut, bis sich das Kind verstanden fühlt.

Beispiel

„Immer schließt du mich aus!" – Ball – „Bist du wütend, weil du nicht selbst entscheiden kannst, ob du mitspielen kannst?" – Ball – „Nein, darum geht es mir nicht." – Ball – „Bist du traurig, weil du dazugehören möchtest?" – Ball – „Ja, ich bin traurig, weil ich auch bei der Gruppe dabei sein möchte. Kannst du mich mitspielen lassen?"

Material

Ball, vorbereitete Karten

Komplimente-Bad

Der genaue Ablauf bei einer Begegnung zweier Kinder wird an der Tafel aufgemalt oder aufgeschrieben. Dadurch haben während des Spieles alle die Möglichkeit, sich zu vergewissern. Die Gruppe bewegt sich durch den Raum. Sobald ein Kind auf ein anderes trifft, bleiben die zwei Kinder voreinander stehen und ein Kind macht dem anderen ein Kompliment. Erst wenn der im Folgenden beschriebene Ablauf abgeschlossen ist, gibt auch das andere Kind ein Kompliment nach denselben Regeln. Die ehrlich gemeinten Komplimente können dabei auf Gegenstände oder die Person selbst bezogen sein.
Anschließend gehen beide wieder durch den Raum, bis sie dem nächsten Kind begegnen. Folgendes sollte besprochen und veranschaulicht werden:

Festgelegter Ablauf bei einer Begegnung

1. Das andere Kind genau ansehen.
2. Kompliment, z. B.: „Mir gefallen deine Sterne auf den Schuhen."
3. Rückfrage, z. B.: „Dir gefallen meine Sterne auf den Schuhen?" (Die Rückfrage ist wichtig, damit abgeglichen werden kann, ob bei dem Hörenden tatsächlich das Gesagte angekommen ist.)

4. Bestätigung, z. B.: „Ja, mir gefallen deine Sterne auf den Schuhen."
5. Dank, z. B.: „Dankeschön!" (Das Bedanken ohne Kommentar hilft, Äußerungen einfach hinzunehmen und dankend stehen zu lassen.)

Impulsfragen

- Wie geht ihr mit Komplimenten um?
- Wie fühlt sich ein ernst gemeintes Kompliment an?
- Gab es Komplimente, bei denen es euch schwergefallen ist, sie anzunehmen? Wenn ja, was glaubt ihr, warum?
- Was können ernst gemeinte Komplimente auslösen?

Rückmeldekreis

In der Mitte stehen fünf Schachteln mit Karten, die folgendermaßen beschriftet sind:

- **Schachtel 1:** blaue Karten mit einem Minus; Rückseite: „Ich finde nicht gut, dass du …"
- **Schachtel 2:** rote Karten mit einem Plus; Rückseite: „Ich finde gut, dass du …"
- **Schachtel 3:** gelbe Karten mit einem Ausrufezeichen; Rückseite: „Ich möchte mich dafür entschuldigen, dass ich …"
- **Schachtel 4:** grüne Karten mit einem Punkt; Rückseite: „Ich möchte mich bei dir für … bedanken."
- **Schachtel 5:** weiße Karten mit einem Fragezeichen; Rückseite: „Ich bitte dich/mich, dass du/ich …"

Die Spielleitung stellt an die Kinder folgende Fragen: „Gibt es etwas, für das du dich entschuldigen möchtest? Oder etwas, das du von einem anderen Kind nicht gut oder gut gefunden hast, oder etwas, wofür du dich bedanken oder um das du bitten möchtest?" Daraufhin startet der Rückmeldekreis. Die Gruppe bekommt Zeit zum Nachdenken. Freiwillige nehmen eine passende Karte, geben diese einem Kind in die Hand und äußern ihre Rückmeldung dazu.

Regeln

1. Nur das Kind spricht, das eine Karte übergibt.
2. Bevor das Kind die Rückmeldung gibt, fragt es, ob das Kind diese möchte?
3. Das empfangende Kind hört zu, sagt aber nichts dazu.
4. Die Rückmeldung beginnt mit dem Satz auf der Karte.
5. Es werden keine Verallgemeinerungen genutzt.
6. Die sich auf den aktuellen Tag beziehende Situation muss genau beschrieben werden.
7. Die Rückmeldung wird sachlich formuliert.
8. Die Rückmeldung wird auf das eigene Empfinden und die eigene Wahrnehmung zurückgeführt.

Material

fünf Schachteln, vorbereitete Karten

Gefühl, Bedürfnis, Dank … ich hab's erkannt

Die Spielleitung benennt im Zimmer verschiedene Bereiche und erklärt diese der Gruppe oder versieht sie mit entsprechenden Zetteln. Die Bereiche werden wahlweise mit folgenden Begriffen bestückt:

- Beobachtung
- Gefühl
- Bedürfnis
- Bitte
- Dank
- Rückmeldung
- Gedanke, Interpretation, Bewertung, Vorwurf, Ironie

Die Begriffe des letzten Punktes können in einem Bereich zusammengenommen werden. Die Spielleitung passt die Begriffe und deren Anzahl an das Wissen der Gruppe an und entscheidet, ob z. B. Ironie von den Kindern schon verstanden werden kann.
Die Gruppe bewegt sich durch den Raum. Die Spielleitung ruft Begriffe oder Aussagen und die Kinder laufen in den Bereich, den sie als zutreffend empfinden. Dann wird aufgelöst und besprochen. Landen

die Kinder im Bereich „Gedanke, Interpretation, Bewertung, Vorwurf, Ironie", kann die Gruppe gemeinsam überlegen, wie die Aussage umformuliert werden könnte, damit man in einen anderen Bereich, z. B. „Beobachtung" oder „Gefühl", wechseln könnte. Anschließend beginnt die nächste Runde.

Beispiele

- Beobachtung: Ich habe dich seit drei Wochen nicht mehr gesehen.
- Gefühl: Bist du wütend?
- Bedürfnis: Mir ist Nähe wichtig.
- Bitte: Ich hätte gern, dass du dein Heft auf deine Tischseite legst.
- Dank: Danke, dass du mir gerade geholfen hast, die Stühle zusammenzuschieben.
- Gedanke, Interpretation, Bewertung, Vorwurf, Ironie: Lügner! / Du hast dich aber ganz schön dumm benommen. / Schäm dich. / Ich fühle mich ausgenutzt. / Er hilft mir nicht! / Sag mir, was ich falsch gemacht habe. / Das möchte ich nicht noch einmal erleben.